LETTERS OF THE ALPHABET GO TO WAR

Lesyk Panasiuk

LETTERS OF THE ALPHABET GO TO WAR

English versions by
Katie Farris and Ilya Kaminsky

SARABANDE BOOKS LOUISVILLE, KY

FIRST EDITION

Publisher's Cataloging-in-Publication Data
(Provided by Cassidy Cataloguing Services, Inc.)

Names: Panasiuk, Lesyk, author. | Farris, Katie, translator. | Kaminsky, Ilya, 1977- translator.
Title: Letters of the alphabet go to war / Lesyk Panasiuk ; English versions by Katie Farris and Ilya Kaminsky.
Description: First edition. | Louisville, KY : Sarabande Books, [2026] | Bilingual. In English and Ukrainian.
Identifiers: ISBN: 9781956046670 (paperback) | 9781956046687 (ebook)
Subjects: LCSH: Russian Invasion of Ukraine, 2022--Social aspects--Poetry. | War and society--Ukraine--Bucha--Poetry. | Russia (Federation)--Armed Forces--Corrupt practices--Ukraine--Poetry. | Bucha (Ukraïne)--Social conditions--21st century--Poetry. | LCGFT: Poetry.
Classification: LCC: PG3950.26.A52 L48 2026 | DDC: 891.7914--dc23

Cover and interior design by Lesyk Panasiuk.
Printed in the US on acid-free paper.
Sarabande Books is a nonprofit literary organization.

The Kentucky Arts Council, the state arts agency, supports Sarabande Books with state tax dollars and federal funding from the National Endowment for the Arts.

ПЕРШЕ ВИДАННЯ

Дизайн і верстка: Лесик Панасюк

To Daryna Gladun

Дарині Гладун

ЗМІСТ

CONTENTS

У ЛІКАРНЯНИХ ПАЛАТАХ МОЄЇ КРАЇНИ

Літери абетки йдуть на війну
складаються у слова які ніхто не хоче вимовляти
речення підриваються на мінах
історії обстрілюють системами залпового вогню

У слово дім влучає снаряд
крізь розбите вікно літери д
можна побачити як літера і втрачає голову
як провалюється дах літери м

Мову в час війни не впізнати
речення такі недолугі
ніхто не хоче помирати
ніхто не хоче говорити

Біля лікарняного ліжка літери й
лежить протез діакритичного знака
якого вона соромиться
уже вкотре розходяться шви
просвітами літери ф від кульових поранень
на етимологічному фронті
м'який знак втратив язик під час катувань

Палати забиті літерами
що й апострофа не вставиш
відпадає фарба зі стін
осипаються слова незрозумілими покручами
і хто ними буде говорити

IN THE HOSPITAL ROOMS OF MY COUNTRY

Letters of the alphabet go to war
clinging to one another, standing up, forming
words no one wants to shout, sentences that are blown
by the mines in the avenues, stories
shelled by multiple rocket launches.

A Ukrainian word
is ambushed: Through the broken window of
the letter д other countries watch how the letter і
loses its head, how the roof of the letter м
falls through.

The language in a time of war
can't be understood. Inside this sentence
is a hole—no one wants to die—no one
speaks. By the hospital bed of the letter й
lies a prosthesis it's too shy to use.

You can see the light
through the clumsily sewn-up holes
of the letter ф—the soft sign had its tongue torn out
due to disagreements regarding
the etymology of torture.

There is too much alphabet
in the hospital rooms of my country,
too much, too much alphabet,
no place to stick an apostrophe; paint falls off
the walls, showering us with words incomprehensible
like men who, in wartime, refuse to speak.

РОЗКИДАНІ ОБЛИЧЧЯ

I

Російські солдати
спускаються на парашутах
наших облич
тримаються за кутики
наших губ

Тепер наші обличчя не обличчя
а розкидані парашути
тепер стало важче впізнавати одне одного

А вони спускаються і спускаються
наші обличчя розпухлі
замурзані
роздерті
валяються на землі
всіяній уламками наших життів

OUR FACES, TOSSED ABOUT THIS LAND

I

Russian soldiers drop from the sky
clinging to the parachutes of our faces—
to the corners
of our lips
their fingers
hook.

These parachutes, torn, are no
longer our cheeks
our noses our teeth:
in the mirror
I do not see my face.

They are dropping, they are climbing down the stairs
of the sky.

Our faces, our tornswollen
faces, our clattering the earth faces, dirty, our
faces tossed among the shards of this day.

II

Російські солдати
ставлять танк на нашому подвір'ї
заходять у квартири
читають наші книжки і нічого не розуміють
українською англійською польською білоруською
чеською латвійською литовською румунською
шведською німецькою французькою хорватською
турецькою іспанською
і навіть російською

Просять пояснити щось наших сусідів
поки забивають їх до смерті
просять пояснити наших сусідок
поки ґвалтують їх раз за разом
просять пояснити щось їхніх дітей
яких морять голодом у підвалі

Нам казали що ми нація яка читає найбільше у світі
але я ніхріна не розумію кричить солдат
ніхріна не розумію

Наші обличчя тремтять
наче від вітру

II

Russian soldiers park a tank in our yard
clutter into the apartment
read our books not understanding Ukrainian English
Polish Belarusian Czech Latvian Romanian German
French Georgian Swedish Croatian Turkish Spanish
or even Russian.

Explain this poem a soldier asks our neighbors
while tossing
them against walls
asks our neighbors to explain a line break
while raping their wives a third time a fourth time a fifth
asks children
of our neighbors to explain
while they are locked up in the basement.

Explain this poem a soldier asks
while our neighbors
are slaughtered.

Asks our neighbors to explain a line break
while our children
are without food in a basement.

How is it
—a soldier asks—
I don't understand words
if ours is a nation that reads most in the world?

Our faces tremble
as if from the wind

III

Російські солдати
готують їжу
яку вигребли з наших комор і холодильників
на багатті з наших книжок

Палять видання
перших українських двітисячідвадцятників
потім двітисячідесятників двотисячників
дев’яностників вісімдесятників
сімдесятників шістдесятників
і так до кінця української літератури
палять перекладні книжки
палять книжки в оригіналі
палять сучасників і класиків

Горять усі автори які на нас повпливали
горить усе що ми не дочитали
все що ми прочитали і що збиралися прочитати
наші вірші горять
горять опубліковані
горять неопубліковані
горять ненаписані

І цей вірш про наші обличчя горить у тому багатті
щоб російські солдати нарешті наїлися

III

Russian soldiers
cook soup with vegetables snatched
from our barns and refrigerators
they are tossing our books to light
the stove.

Burning are the fine editions
of the youngest Ukrainian poets
then poets of twothousandtwenties twothousandtens
ninetynineties ninetyeighties sixties fifties
and so on until the end of Ukrainian literature
burning are translations
and books in original
contemporaries burning and classics.

On fire are all the authors who influenced us, fire
coughs on each book we haven't read
or read or planned to read
burning are our poems published and unpublished
unwritten and rewritten.

And this poem about our faces
tossed around in the backyard is a flame
so Russian soldiers finally can gulp their soup.

IV

Російські солдати
вирішують розважитися
й подивитися наші дитячі фотоальбоми

О диви на цього в костюмі зайчика
який ідіотський костюм
от у мене був костюм танкіста
а в мене десантника
а я був морячком
зайчики от смішний народ
а тут собаку іграшкового обіймає як дівчинка якась
от у мене була шабля
а в мене пістолет
а я з автоматом бігав
собачок вони обіймають ну смішні фотографії
хай і вогонь посміється

Горять наші дитинства і шкільні роки
їхні обвуглені часточки підлітають догори
й опадають на наші розкидані по землі обличчя

IV

Russian soldiers decide to entertain
other Russian soldiers by showing off
our children's photo albums.

This idiot in a bunny costume, see?
Not like me, I had a tank driver's costume
and me, I had paratrooper's costume
and me, I had a sailor's costume.
Bunnies. They are a funny nation
and here he hugs the toy dog just like a girl
but I had a sword
and I had a gun
and I ran with a rifle
these ridiculous people
hug dogs, what bizarre pictures
they watch how the fire laughs.

And so childhood flames
and school years flame
their charred particles fly up and drop on our faces
scattered about in the backyard.

V

Російські солдати
як черви що вилазять зі своєї чорної росії
щоб померти в калюжах українських сліз

Летять і летять сюди
на літаках і гелікоптерах
спускаються і спускаються сюди
на парашутах наших облич
пливуть і пливуть
на своїх військових кораблях
їдуть і їдуть сюди
на своїй військовій техніці
лініями наших життів

І помирають у небі
помирають на землі
помирають на воді
помирають і помирають

Але немає посмішок
наші обличчя досі розкидані по землі

V

Russian soldiers are like worms
crawling from Russia's
black soil
to die in puddles of tears on Ukrainian street.

On the airplanes they fly here and from helicopters
they drop clinging
to the parachutes
of our faces—
on warships they navigate
across waters of our day.

In the sky they are dying in the ground
they are dying in the water
they are dying they
are dying.

But no laughter
is heard.

No laughter on the lips of our faces
which are tossed about in the backyards.

ТІЛЬКИ Б СОН

Радіо всередині пусте і чорне
і газети тепер друкують без букв

Іду вулицею
але не чую власних кроків
помічаю знайомого з іншого боку вулиці
і гукаю його щоб привітатись
але з мого рота вилітають кулі мовчання
які чомусь не схожі на кулі тиші

Починаю кричати йому руками
але мої пальці вигнуті
мої пальці криві й покручені

Та це тільки сон
тільки сон

A WARTIME DREAM

Emptiness lives inside a radio
and newspapers are now printed without letters.

I walk up the street
but I don't—do I?—hear my own steps.
I notice an acquaintance across the street,
and call out to him to say hello, but
bullets of silence fly from my mouth.

I start shouting with my hands, but my fingers are bent,
crooked are my fingers.

But it's just—or is it?—a dream, just a dream
which pretends it is an emptiness inside a radio.

РАНКОВА ПІСНЯ

Одного ранку я прокинувся
бомбою

І летів стрімголов додому

AUBADE

One morning I woke up
as a bomb

And flew headlong home.

ПОРОЖНІЙ ФУТЛЯР

Навіть космонавти помирають
і їхні душі прибиває до землі ніби тіла п'яниць

Тепер не піднятись у космос
а лежати всередині футляра від контрабаса
котрий чорною дірою затягує в себе концертні зали
з пустками вільних місць

Музика викорчувана з тіла ночі
вирвана ніби кістка
яка виблискує вією біля ока собачої буди

Але сьогодні не почуєш гарчання
яке б вишукувало на спині найменшу струну
музику вкрадено
кроки солдатів збиваються з ритму
вулики церков сьогодні без бджіл
цвіркуни мовчать
співаки застуджені
тільки десь за склом ілюмінатора
пролітає самотній контрабас

EMPTY CASE

When astronauts die
(even astronauts die)
their souls are nailed to earth like drunkards' bodies.

Now they cannot rise to outer space,
and lie inside a contrabass case
which, like a black hole, sucks in the concert halls
inside the spit of each empty seat.

Music is uprooted from musculature of the night,
pulled out like a bone
is this music
like a bone
that gleams like an eyelash near the eye of a dog.

But today you won't hear the growl
of the smallest string, today
music has been stolen, today
soldiers step across the bodies of the rhythm, today
the hives of churches are without bees
today crickets are silent,
singers cough
and in outer space
a solitary contrabass flies.

Л
О
Б
Х
Ю
Щ
Є
Ь
П
І
У
Я
Р
К
Н
Ї
О
Д
Ц
Ґ
Х
Г
Я
Е
А
Т
З
М
И
Д
Ї
І
Ж
Р
Ш
М
У
Г
Л
Ч
Т
Ъ
А
К
С
З
Ф
В

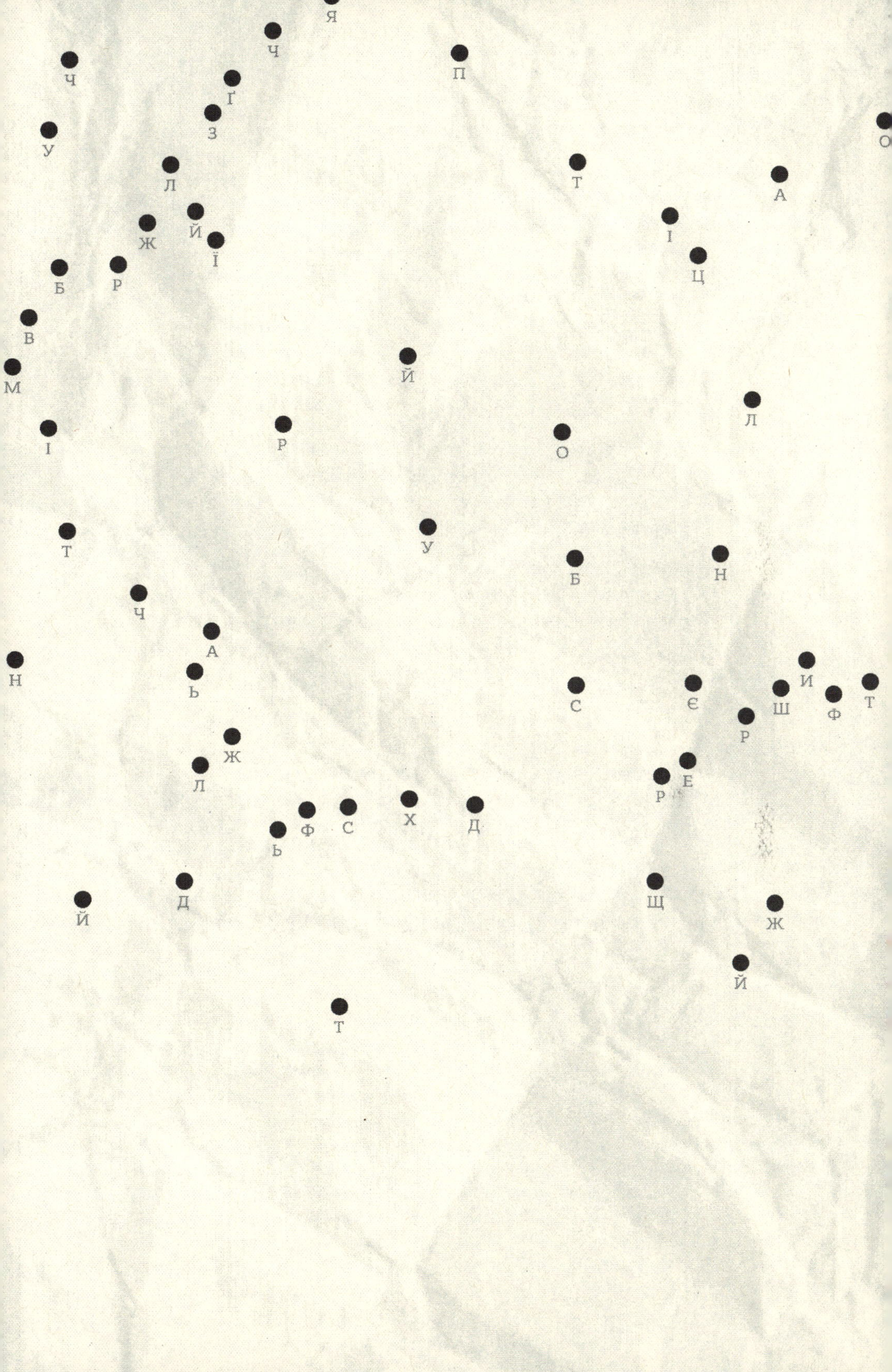

ПОВНИЙ ЧЕРЕВИК ВОДИ
Щоденник повернення

I

Нарешті вдома. Заходжу до квартири й у коридорі підриваюсь на маленькій протипіхотній міні (такі наші сусіди знаходили у своїх домашніх капцях). Очі затуляє туман, що вже за якусь мить розвіюється. Я бачу, що втратив ногу. Серце пришвидшено б'ється. Думаю, як мені зупинити кров. Але розумію, що крові чомусь ніде немає, кукса вже зажила. Полегко спираюся спиною на стіну й починаю шукати в телефоні протез. Відчуваю таке піднесення, наче купуватиму якийсь велосипед. Урешті обираю, як мені здається, найкращу модель протеза і все знову огортає туман.

Розплющую очі. Втрачена нога віднаходить моє тіло. Трохи розчаровано рухаю м'язами й відчуваю її присутність. Ще довго лежу і думаю про сон.

Після усвідомлення, що мені більше не страшно, що більше не боюся власного каліцтва або смерті, стає жахливо легко.

Цього ж дня купую квитки додому.

A SHOE FULL OF WATER
A Diary of a Return

I

Finally home: I step into the apartment and detonate a small mine in the hallway. (Our neighbors found a mine left behind inside their house slippers.) A fog clouds my vision, but in a moment, it clears. I see that I have lost a leg. My heart pounds rapidly. I think how to stop the bleeding. But then I see—there is no blood. Somehow, the wound's already healed.

Relieved, I lean my back against the wall and search for a prosthesis on my phone. I feel a strange excitement, as if I am buying a new bicycle. Eventually, I choose what seems like the best model, and the fog engulfs me again.

I open my eyes. My lost leg has found my body once more. Slightly disappointed, I move my muscles, testing its presence. I lie there for a long time, rewinding this dream.

I realize that I am no longer, that I no longer fear my own mutilation, or even death, a lightness, unbearable, settles in.

That very day, I buy tickets home.

II

Виходжу на зупинці й не можу повірити, що я справді тут. Здається, що потрапив у невдалу копію міста. Все на своїх місцях, тільки майже без людей, таке недоладне, поламане, діряве. А дороги всіяні клинописами танкових гусениць. Примітивна писемність. Саме танкові сліди ще довго не даватимуть забувати про те, що сталося в Бучі. Можна буде не дивитися на поруйновані та погорілі будинки, розстріляні дерева, стовпи, світлофори й дорожні знаки, можна буде не роззиратися навкруги, йти, опустивши голову, а під ногами завжди будуть ці сліди. Навіть на пішохідних вуличках. Так, усе поступово відновиться. Проте сліди ще довго шепотітимуть: «Агов, не відволікайся, ти вже кілька секунд не думаєш про війну!».

Повагом проходжу нашим районом. Нагадує листок, поїдений шкідниками. Цього разу знаю їхню назву — російські солдати. Розглядаю наш будинок, наче зоряне небо із сяйливими дірками. Космічно й гірко. На першому поверсі біля ліфта намальована латинська літера, ліфт не працює (закиданий до третього поверху краденим). Коли ми заселялися, ліфт так само не працював і ми носили цілу ніч наші речі сходами на восьмий поверх. Тепер зноситиму донизу сміття. Можу спокійно йти вгору, бо знаю, що на сходових майданчиках уже немає російських розтяжок. Хоча ще якісь «подарунки» від окупантів можуть бути у квартирі.

II

I step off at my stop and cannot believe I am here. It feels like I've entered a poor copy of my city. Every thing is in place, but it's clumsy, broken, riddled with holes, and the city is almost devoid of people. The roads are inscribed with tank tracks—primitive writing. These tracks serve as a long-lasting reminder of what happened in Bucha. One might avoid looking at the ruined and burned-out buildings: the bullet-riddled trees, the shot-up poles, traffic lights, and street signs. One might walk with eyes lowered, avoiding the wreckage. But one cannot avoid looking at the tracks, which appear even on pedestrian roads.

"Hey, don't get distracted," these tracks whisper. "You've gone several seconds without thinking about the war."

I walk slowly through my neighborhood. It reminds me of a leaf eaten by some kind of pest. This time, I know its name—Russian soldiers. As I approach, I study our building: it now looks like a starry sky riddled with glowing holes. Cosmic, and bitter.

On the first floor, next to the elevator, someone has painted a Latin letter. The elevator is out of order, stuffed up to the third floor with stolen goods. When we first moved in, the elevator didn't work either, and we spent the whole night carrying our furniture, pots, pans, and books up to the eighth floor. I climb the stairs, calmly, knowing that there are no longer any Russian tripwires on the landings, though they may have left "gifts" inside our apartment.

Маю із собою кілька номерів саперів, що працюють у Бучі. Пообіцяв рідним, що зателефоную, утім, щиро кажучи, нікому телефонувати не збираюся. Не хочу, щоб через мій дзвінок хтось залишився без ноги, або й узагалі помер. Як виявилося потім, сапери в Бучі, як мінімум ті, що приходили до моїх друзів, шукали небезпечні предмети голими руками, без жодного обладнання, просто торсали речі, наче пестили пса посеред квартири, не втримавшись від спокуси торкнутися такого славного пиріжечка.

Перше, що роблю, коли піднімаюсь на поверх, це встановлюю за допомогою монтажної піни виламані двері. Зачинені. Звісно. Це ж ми їх і зачинили 24 лютого. Відчиняю і заходжу всередину. Перший час намагаюсь бути обережним, переступаю купи одягу, книжок, уламків стін, дверей, скла, електроніки, перераховувати можна довго, словом, увесь цей безлад на підлозі переступаю, як ті калюжі, боячись набрати повний черевик води. А потім випадково щось зачіпаю ногою. Ну, значить, тепер ця частина безладу розмінована.

Торую собі шлях до вікна. Панорамне, майже від самої підлоги до стелі, до половини вибите і зламане. Крізь нього видно розтрощені коробочки магазинів, вигорілі скелети автомобілів та місце, де лежало одне з тіл. Востаннє з цього вікна я дивився на винищувач, що пролітав так низько, наче ластівка на дощ. Тут бувають жахливі зливи, тож треба заклеїти всі дірки плівкою.

Не можу. Трохи пізніше.

I have several phone numbers for the de-mining teams working in Bucha: I promised my family I would call them. But I have no intention of calling. I don't want anyone to lose a leg because of my call. Or die. The de-mining teams in Bucha who came to my friends' homes searched for dangerous objects with their bare hands. No equipment, no gear. They simply rummaged through the debris, as if petting a dog in the middle of the apartment.

I reach my floor. The first thing I do is use some expanding foam to secure the broken door in place. It's locked—but of course it is. We locked it on February 24, the first day of invasion, before we left.

I unlock it and step inside.

At first, I move cautiously, toeing around piles of clothes, fragments of walls, doors, glass, electronics, books—the list could go on forever, and it does. I step over this mess as if all our things were puddles, and I am afraid of getting a full shoe of water. Accidentally, I kick something with my foot. At least that means that this part of the mess is "de-mined."

The apartment is full of bird feathers and droppings. Did I return to a nest? I don't yet know that a pigeon is hiding atop the wardrobe. That it moved in while we were gone. That I will spend a long time chasing it out. That when it finally flies through the window, the flight will be breathtaking—like the dove from Noah's Ark.

Сиджу на стільці й довго дивлюся на весь цей погром. Здається, що квартиру зґвалтували, що все наше попереднє життя, мрії і плани розкидані тут по підлозі.

Що більше прибиратиму, то легше ставатиме, та поки про це не знаю. Зараз можу радіти лише тому, що наші книжки пережили окупацію (трохи брудні й покручені, однак живі). Та й платівки уціліли. Ще лишилося багато одягу, хоч на початку 2022-го ми занесли кілька десятків кілограмів у благодійний магазин. Пам'ятаю, як 24 лютого, коли за вікном уже горів Гостомельський аеропорт, ти сказала: «Ми інтелігентні люди, маємо прибрати і поскладати речі». Навіть встигли щось тоді попрати й розвішати, щоб сушилося. Зараз цей спогад викликає усмішку. Наш одяг, нехай і зі слідами російських черевиків, досі зберігає свій попередній запах. І постійні протяги не змогли його вивітрити. Отак і ми тримаємось.

У квартирі досить багато пташиного пуху й посліду. Я повернувся у гніздо? Ще не знаю, що на шафі ховається голуб, який оселився тут, поки нас не було. Що довго виганятиму його, що вилетить у вікно неймовірно красиво, так, як, напевно, вилітав голуб із ковчега. Коли він повернеться із гілочкою?

На кухонному столі, серед іншого, лежить старий «Зеніт» із вирваним об'єктивом. Ми так і не проявили ту плівку з нашого весілля. Тепер вона засвічена (навіть спогади вкрали). Під уламками скла проглядається подарунок від твого учня з бучанської школи — папірець у формі серця, на якому написано: «Щастя, натхнення, кохання».

Чомусь усе таке символічне сьогодні. Гірке й космічне.

I make my way toward the window. It's a shattered floor-to-ceiling panorama: the crushed husks of storefronts, the skeletons of charred cars, and the place where the neighbor's body lay. The last time I looked out of this window, months ago, I saw a fighter jet fly low like a swallow before rain.

We get terrible downpours here, I should cover all the broken window openings with plastic, but I can't. Not yet. I sit in a chair and stare at the room for a long time.

On the kitchen table, among the wreckage, lies an old Zenit camera with the lens torn out. We never developed that roll of film from our wedding. It's now overexposed. Even our wedding memories invaded. Under the shattered glass: I glimpse a gift from your student at the Bucha school, a paper heart, inscribed "Happiness, inspiration, love." Everything feels symbolic today. Bitter and cosmic.

The more I clean, the lighter it will feel: but I don't know that yet. Right now, I can only take solace in a few things: our books are here—a little dirty, a little warped, but intact—despite the invasion. And the vinyl records. There's a lot of clothing left, even though, at the start of 2022, we donated several dozen kilograms to charity.

I remember how, on February 24, when Hostomel Airport was already burning outside our window, you said, "We are civilized people. We must clean up and put things in order."

We even managed to do some laundry and hang it up to dry. That memory makes me smile now. Our clothes—despite the footprints of Russian boots—still hold their old scent.

М
С
Ц
Ч
Л
Ю
Ж
Є
Є
Я
У
О
Б
Ь
І
К
Д
Ц
З
І
Д
Х
Н
П
У
І
Ш
Ґ
Я
М
Р
Л
Ж
Г
І
Є
Н
Ь
И
Т
Й
Е
Х
В
К
Ф
Т
З
Г
С
А

А
Я
І
Й
Ч
Р
Т
Ґ
Т
Ц
Б
В
Й
І
А
У
У
Б
Ч
Ь
К
Щ
Ж
Б
Р
Ф
Х
Л
Й
Е
Д
Д
Т
Ь
Н

ЖОВТЕНЬ

Зранку очі закочуються до голови
наче кулі в лузу
закінчується світ
від тебе лишається тільки пульс

Ми годували хлібом диких качок
о як сідають вони на воду
навіть не помічаєш як струменить і підіймається
кров із вікон багатоповерхівок

Ніч і ранок були дикою качкою
вулиці були шиями
із пір'ям кав'ярень і магазинів
і пір'я росло між пальцями
і насправді ці два дні не закінчились
цей жовтень ніколи не закінчиться

Хотілося прикинутись демонами на будинках
чи перетворитись на речі з антикварної крамниці
нас все одно ніхто б ніколи не купив
я був би старим касовим апаратом
а ти порцеляновою вазою
тільки б лишитись
тільки б не їхати

Ніхто не бачив як ми падали в темряву
й лишались живі
лишались щасливі
не бачив ніхто бо дивились на кров
що підіймається й підіймається догори
а ми падали і забували
забували і падали

OCTOBER

In the morning eyes roll back into the head
like chestnuts into a pocket
is the world
ending?
(only your pulse remains)

We toss bread at ducks
when they land on water
You don't even notice how it streams and rises—
the blood
from the windows of sky-scrapers

Night and morning are ducks
streets are necks
with feathers of cafes and shops
and feathers grow between fingers
and these days don't end.
This October won't end.

We wanted
to be gargoyles on the sides of buildings:
Not humans,
but items from an antique shop.
No one will buy us in this shop.
I will be an open cash register.
You, a porcelain vase.
Breathe.
Breathe, my vase.

No one sees us breathe in
the night and live.

А качка одна силкувалася вихопити мої слова
із чужих ротів
наче найкращу поживу

Вкрадені слова тепер не сказати
язик не слухається
і серце як осінній одяг
із вирваними ґудзиками ніби літерами

Сподіватись тільки на качину впертість
бо у кожному ательє говорять одне й те ж
немає у нас таких ґудзиків
можливо є тут
пишуть адресу на папірці
проводжають розгубленим поглядом

І тільки твій пульс
ходить за мною
і говорить до мене твоїм голосом

(The body is an October coat with torn buttons of letters.)
No one. No one sees.

Hope is a duck
because in every atelier they say the same thing—
ducks snatch our words
from foreign mouths.

What speaks?
your pulse
it speaks and speaks
& trails me in each street of this October.

МУЗИКА ПІД ЗЕМЛЕЮ

I

Тонкі сухожилля на шиї скрипки
досі тримаються
скрипка досі жива
і тут у переході між станціями
наспівує мелодію під лезом ножа
кепкуючи над молодою студенткою
музичного училища

Вбити мене не зможеш
я не помру від твоєї руки

Коли ж вона навчиться витримувати паузи
запитує жінка яка впізнала мелодію

Залиш їй на це іще кілька років
кидає хтось ґудзик відповіді
на рухому частину балюстради

MUSIC UNDERGROUND

I

Thin tendons on its neck tremor:
the violin
so far
is alive.
And here, in the passage between stations,
it hums
mocking us, amateurs.

You can't kill us,
we don't die from hands such as yours.

When will I learn to
Live
With pauses
Asks a woman who recognized the rhythm.

In a few more years,
someone shouts,
you will learn—
then pushes the button of a shout
from the upstairs balcony.

II

Вкрасти блискучу ноту з кишені віолончеліста
було так по-дурному

Що з нею робити
в око мішені не вцілиш
речення не закінчиш

В усьому зізнаєшся
а ніхто тобі не вірить

Кажуть що ніхто цієї ноти не грає

Кладеш її на дно капелюха
як темну монетку яку не занести в обмінник
і вибігаєш назовні

Тебе зустрічають сяючі отвори дорожніх вогнів
і тужлива музика десь позаду
після якої все стає зрозумілим

II

To steal a shiny note from the cellist's pocket was
foolish.

What to do
you can't hit the target's eye.

Though you can't finish a sentence
you confess everything—
but no one believes you.
Everything, you confess.

They say no one plays this note.

You put it at the bottom of the hat,
like a dark coin that can't be exchanged,
and run outside.

You are met by the shining holes of the road lights—
Clear is everything, inside the shining holes, everything
inside the shining holes of the lights.

РОСІЙСЬКИЙ АКОРДЕОН

Акордеоне тролейбуса
твої міхи повні
нашого мовчання
що веземо з дому на роботу
з роботи додому

Мовчання
це зовсім не золото
це гроші що коштують дешевше
ніж папір на якому надруковані

Девальвація о девальвація
ми всі мільйонери
змовчати для нас тепер нічого не варто

У старому запилюженому акордеоні
ми як ноти
непридатні для гімну

Мовчання
наша національна валюта
тисяча рожевих язиків
за одну маленьку несправедливість

Наше мовчання
під матрацами
у шафах
між сторінками книжок
відкладається наче жир

RUSSIAN ACCORDION

O the accordion of a municipal bus!
your insides
are expanding with our silence which
we take from our apartments to factories and offices
and take it from work back home
and from home to hospitals and from hospitals to
groceries.

Silence is not golden,
it's paper money
that's worth less than the paper. Inflation!

O inflation
we are all of us millionaires, and it costs
us nothing now to
keep
our mouths shut.
Inside this old and dusty accordion of a public bus
we are the musical notes
too rotten
for a hymn.

Silence is our national currency
a thousand pink tongues pay
for one little injustice.

Our silence lives under the mattresses in bookcases
between
pages of books deposited
as bodyfat
in our fingers and cheeks.

Притуляє кондуктор вказівний палець
до свого масного рота

Але що ж акордеон тролейбуса
куди він нас везе
для чого розтягує свої міхи
чому зрідка сиплються іскри з нотного стану
наче це токар грає на інструменті а не музикант

Давайте не будемо про це говорити

The bus driver
puts his index finger to his oily lips.

This bus, this Russian accordion of a bus, where is it
speeding us to
clutching its engine, flapping
its doors
while an occasional spark flies up, it
is as if a gunsmith
is playing an instrument of our bodies
about which
we say not a thing.

ІНСТРУКЦІЯ ДО ЧИТАННЯ

I

Один російський громадянин
вийшов на вулицю
з плакатом ВОЙНА
російські міліціонери
запакували його в автозак

Інші росіяни
уважно спостерігали за цим
і знімали все на телефони

Одна російська громадянка
вийшла на вулицю
з плакатом МИР
російські міліціонери
запакували її в автозак

Інші росіяни
почали ставати в чергу до автозака
з плакатами й без

READING INSTRUCTIONS

I

A Russian citizen
took to the streets
with a sign that read WAR.

The Russian police
shoved him into a prison van.

Other Russians
watched carefully,
filming on their phones.

A Russian woman
took to the streets
with a sign that read PEACE.

The Russian police
shoved her into a prison van.

More Russians
began lining up
to enter the van
with signs
and without.

Other Russians
watched carefully,
filming on their phones.

II

Один російський солдат
почав читати роман
одного російського бородання
далі обкладинки не пішов
бо й так усе ясно
читати між рядків
його навчили ще в школі

II

A Russian soldier
began reading
the bearded Russian's novel.

Didn't make it past the cover.
Didn't need to.

At school, they taught him
To read between the lines.

ІКОНА

Усе як на іконі
матір із дитиною

Без батька

Спочатку цією дитиною була моя мама
а потім я

Але цим нікого не здивуєш
це не викликає жодного співчуття
бо це традиційна українська сім’я

Молимося на власні травми

ICON

The whole earth is an icon
Madonna with a child

No father

This child was my mother
then it was me

Is it the hole in our chests
we pray to?

This image surprises no one
evokes no sympathy

It's the traditional Ukrainian family.

МАЛЕНЬКА ДОЛОНЯ

I

Вдавати що ти картопля
ховатися в мішок
дивитися на світ крізь дірочку
доки тебе несуть із городу в погріб

А вкінці вистрибнути несподівано з мішка
зовсім маленьким хлопчиком

II

Мама зберігає твоє дитяче волосся
як відрізок часу

Можна пам'ятати тебе до і після

LITTLE PALM

I

Pretend you are a potato
& hide in a sack
peek at the earth through a hole
while they are carrying you
from the garden to the cellar
In the end, hop out of the sack when no one is looking:
a very small boy.

II

Mother keeps your baby hair
like a marker of time:

so she can imagine you before and after.

III

Дитинство це падати в сніг
це падати в сніг падати в сніг
це падати

Падати в сніг це падати в сніг
це падати падати падати
падати в сніг
падати падати в сніг

У сніг
падати падати падати

IV

Коли починається дитинство
і коли закінчується

Долоня така маленька

III

Childhood is falling into snow
What is falling
Snow, what falls?

Falling into snow falling into snow

Falling
Into snow
Falling falling into snow.

IV

When does childhood begin
and when does it end?

So small, this palm.

МОЛИТВА ДОРОЗІ

Старі велосипеди вперто приносять
палки в колесах своїм господарям
досі тягнуть усе до рота
як малюки що пізнають світ
часто ламають собі зуби та щелепи
ранять свої чорні мов резина губи
які стікають кров'ю повітря

Розказують занадто довгі історії
що вже й самі не пам'ятають
про що хотіли розказати й до чого привести
моляться дорогам і безперестанно
цілують асфальт як довжелезну ікону
просять і просять про зупинку
й не можуть зупинитися

PRAYER TO THE ROAD

Old bicycles stubbornly pull sticks into their wheels,
pull everything into their mouths
like infants still discovering the world.

They often break their own teeth and jaws,
scraping their black, rubber lips
which bleed air.

They tell too many stories.
They no longer remember where
they meant to wheel us.

They pray to the roads,
endlessly kissing the asphalt like it was
a vast self-portrait
of God,
begging
and begging to stop—
yet, like a vast

self-portrait of God, they cannot stop.

НАЙЗВИЧАЙНІШИЙ ДЕНЬ

Жінки із великими кулями животів
вулиці обтяжені іменами
страх падіння у повітрі
наче запах нової фарби

Усе стишується й уповільнюється
можна спокійно зловити муху
тополиний пух прогалинами в просторі
змушує вдивлятися в деталі

Що сталося в цей найзвичайніший день
хтось випадково зачепив штаниною важіль
натис ліктем на кнопку

Можна відчути себе найшвидшим
але роздивляєшся відблиски сонця
на власному нігті

Що ж сталося в цей найзвичайніший день
хтось подивився на воду в крані
під правильним кутом
дострибав до нескінченності
погодував чужу тінь
у не відведеному для цього місці
вистрибнув з окулярів у відкритий космос

Ніхто не помітив що день був на хвилину довшим
і ти
себе не виказав

THE MOST ORDINARY DAY

Names dangle in the streets, names
and the women with large round bellies turn the corners
where you can easily catch a fly
And everything slows down
and fear is in the air like the smell of new paint
as you look into the details
in the gaps
Poplar fluffs through gaps in space

What happened on this most ordinary day
someone accidentally caught their pants on a lover
pressed a button with their elbow
you see the sun's reflections on your own nail

What happened on this most ordinary day
someone looked at the water in the tap
at the right angle,
jumped to heaven,
jumped from spectacles
into open space

No one notices that the day is a minute longer
and you,
seeing what you see, don't divulge

ЕКСПОНАТ

Двоє молодих археологів
розкопали кістяк вітру
тепер він експонат Національного музею
тепер він дме тільки для Національного музею
і для його відвідувачів

Не пливуть млини човнами полів
нерухомі весла млинів
повітряні змії змирились
не рвуться носами на волю
повітряні змії як собаки на прив'язі
груди вітрильників обвислі
як груди старої жінки
повітряні кулі як перегорілі лампочки

Але колись
відламає хтось одну з вітрових кісток
і винесе під курткою з музею
неначе вогонь

EXHIBIT

Two archaeologists, young boys, unearth
the skeleton of the wind.

Now it is an exhibit in the National Museum.
Now only the visitors to the National Museum
may hear it blow.

Windmills?
They no longer sail the fields like boats.

Kites surrender
like dogs on leashes
and no longer strain their noses toward what some
still call freedom.

The chests of sailboats sag
like beautiful breasts
of an old woman.

Hot air balloons
hang like burnt-out lightbulbs.

But one day,
someone will break off a bone of the wind—
a new fire
beneath their jacket.
Someone will smuggle
the wind.

ЛАМПОЧКИ

Довго тицяли пальцями скрикували від подиву
доки не зрозуміли що саме так виглядає смерть

Ця величезна риба зі скляними очима
з могильними плитами замість луски
що вона забула в їхньому місті
хіба ж воно пішло під воду

Тепер за вікнами найстрашніше
цей грейпфрутовий звук дотикань луски зі склом
ці пусті очиська неначе протези
кого вони видивляються

Чи помічають вони миготіння світла
від маленьких лампочок що трусяться під столом
наче від перепаду напруги
що без упину питають одна в одної

Може ми давно померли
може нема чого боятися
може ми вже давно померли

LIGHTBULBS

They kept pointing with their fingers, exclaiming
and then saw: this is how death flickers

With tombstones instead of scales
this huge fish with glassy eyes
with tombstones instead of scales
what is the fish doing in the city

This grapefruit sound of scales touching glass
now, the scariest thing is outside the windows
who are they staring at
these eyes empty like prosthetics

Do they notice the flickering light
(from the small lightbulbs trembling under the table)
as if from a power surge
(constantly asking each other

Maybe there's nothing to be afraid of
Maybe we've been dead for a long time
Maybe there's nothing to be afraid of)

Are we small lightbulbs trembling under the table?

ТУРБІНИ ГІДРОЕЛЕКТРОСТАНЦІЙ

Верхівки дерев стирчать із води
як відкриті переломи річки

Затоплені міста і села
маленькі батьківщини
до яких неможливо повернутись
як же пощастило тим хто помер раніше

Турбіни гідроелектростанцій
перетворюють старі карти
перетворюють дошки пошани
перетворюють дитячі спогади
перетворюють імена родичів
і все на електроенергію

Кожен день тепер поминальний
достатньо тільки
ввімкнути світло
коли повертаєшся з роботи

Темрява
трохи вагається
перед тим як піти

Щ
Д
Г
І
П
В
З
Ф
К
М
С
Ш
Р
Б
Я
Ї
А
В
О
Ь
Ч
Ж
Ю

TURBINES OF HYDROELECTRIC PLANTS

Trees poke their crowns out of the water
like wounds
open in the riverskin.

In flooded villages'
small homes—to which no one, no one, no one
returns—

how lucky are our dead: they do not see these streets
submerged, do not
see

hydroelectric turbines
transform
the geography of childhood, transform

the names of relatives into electric energy
transform each day

into a day of the dead, just enough
to turn on the light—

when you return from work turn on
the light:

darkness
how it

hesitates, before
leaving.

Р
І
Й
Ґ
А
И
Л
Ж
Ч
Л
Н
Е
Т
Є
Ц
М
Ф
П
З
К
Щ
У
Б

ПІСЛЯМОВА

«Російські солдати живуть у нашому будинку», — написав нам поет Лесик Панасюк незабаром після того, як Російська Федерація розпочала повномасштабне вторгнення в Україну. Коли приходять росіяни, Лесик поспіхом залишає Бучу разом зі своєю партнеркою, поеткою Дариною Гладун. Вони не мають машини, адже Буча — це маленьке місто, де люди пересуваються пішки. Тож вони сідають на останній потяг, що йде з міста, а потім ідуть через ліси, чуючи вибухи за спиною. Міста, які вони залишають позаду, незабаром зазнають бомбардувань.

Батьки та брати Лесика також залишають рідне місто. Але його бабуся відмовляється їхати.

Невдовзі після цього, серед виття сирен повітряної тривоги, у неї стається інсульт. Вона лежить паралізована, сама, у коридорі своєї квартири багато довгих годин, цілісіньку ніч. Лише вранці, коли чує, як сусіди виходять зі своєї квартири, вона кличе їх, благаючи про допомогу. Вони вибивають двері й викликають швидку. Її відвозять до лікарні в іншій частині міста, бо ракета влучає в її район.

Його бабуся народилася у 1946 році, одразу після Другої світової війни. Багато років вона жартувала, що їй вдалося оминути війну. Але, здається, війна нарешті наздогнала її. Її евакуюють до, здавалося б, безпечнішого села на південь від Житомира, але навіть там у лісах знаходили російські міни, через які загинули цивільні.

AFTERWORD

"Russian soldiers are living in our building," the poet Lesyk Panasiuk wrote to us soon after the Russian Federation's full-scale invasion of Ukraine began. When the Russians arrive, Lesyk flees Bucha in a hurry with his partner, the poet Daryna Gladun. They don't have a car, since Bucha is a tiny city where people walk everywhere. So, they hop on the last train leaving town, then go on foot. They escape through the woods, hearing explosions as they go. Cities they pass through are bombed shortly after.

Lesyk's parents and brothers also escape, but his grandmother refuses to go.

Soon after that, amidst the wail of air-raid sirens, she has a stroke. She lies paralyzed, alone, in the hallway of her apartment for many long hours throughout the night. Only in the morning, when she hears the neighbors leaving their apartment, does she call out to them, asking for help. They break down the door and call an ambulance. She's taken to a hospital in another part of the city because a rocket strikes her neighborhood.

His grandmother was born in 1946, right after the Second World War. For years, she had joked that she escaped the war. But the war, it seems, has finally caught up with her. She is evacuated to a supposedly safer village south of Zhytomyr, but even there Russian land mines are found in the woods, and civilians are killed.

*

Буча, місце, яке залишив Лесик, зараз часто з'являється у новинах. Тіла лежать на вулицях. «Когось застрелили. Когось закатували,» – пише Лесик в електронному листі до нас. «Чоловіка з відрізаними вухами та носом знайшли в нашому комплексі; він був нашим сусідом... Могили і трупи скрізь – на вулицях, де ми колись гуляли щодня, під нашим будинком і будинками навпроти».

Те, що, мабуть, ніхто не зможе забрати в такі моменти – це внутрішній голос, інтимність самого себе. Коли навколо нього вибухають вулиці, поет шепоче, немов у трансі:

Вдавати що ти картопля
ховатися в мішок
дивитися на світ крізь дірочку
доки тебе несуть із городу в погріб

А вкінці вистрибнути несподівано з мішка
зовсім маленьким хлопчиком

Те, що ніхто не може забрати – це уява. Він є свідком війни, так, але також бачить, як тролейбуси-акордеони пливуть розбомбленим містом, де «літає самотній контрабас».

Зрештою, ці вірші є свідченням як розірваної війною країни, епохи катастрофічних змін, так і найтихіших вібрацій життя. Коли люди тремтять під столом, запитуючи одне одного: «може, ми вже давно померли», поет спостерігає, робить нотатки – народжується нова інтимність:

*

Bucha, the place Lesyk fled, is often in the news these days. Bodies lie in the streets. "Someone is shot. Someone else was tortured," Lesyk writes in an email to us. "A man with his ears and nose cut off was found in our complex; he was our neighbor . . . Graves and corpses are everywhere—on the streets where we once walked daily, under our building and the buildings across from us."

What no one seems able to take away in such moments is the inner voice, the intimacy of the self. When the streets explode around him, the poet whispers, as if in a trance:

Pretend you are a potato
& hide in a sack
peek at the earth through a hole
while they are carrying you
from the garden to the cellar

In the end, hop out of the sack when no one is looking:
a very small boy.

What no one can take away is imagination. He bears witness to war, yes, but also sees accordion buses floating over the bombed-out city, where "a solitary contrabass flies."

Ultimately, these poems are both a testimony to a war-torn country, an era of cataclysmic change, and also to the quietest vibrations of life. When people tremble under the table, asking each other: "Maybe we've been dead for a long time," the poet watches, takes notes—a new kind of intimacy is born:

Ніхто не бачив як ми падали в темряву
й лишались живі
лишались щасливі
не бачив ніхто бо дивились на кров
що підіймається й підіймається догори
а ми падали і забували
забували і падали

*

«Війна лишатиметься в Бучі ще довго після того, як солдати підуть», — пише Лесик у листі, — «тому що вони замінували пів міста». Сусіди Лесика знаходять міни в під'їздах своїх будинків, у домашніх капцях і пральних машинах. Дехто повертається лише для того, щоб встановити нові двері та вікна. «У нашому районі, — каже Лесик, — російські солдати виламали двері майже в кожній квартирі».

Після звільнення Бучі Лесик одразу їде туди: «Повагом проходжу нашим районом» — пише він. «Нагадує листок, поїдений шкідниками». Ось що він знаходить у поруйнованій квартирі: «На кухонному столі, серед іншого, лежить старий «Зеніт» із вирваним об'єктивом. Ми так і не проявили ту плівку з нашого весілля. Тепер вона засвічена». Де поезія в усьому цьому? Що цей поет вивчає? «Коли повертаєшся», каже він нам:

No one sees us breathe in
the night and live.
(The body is an October coat with torn buttons of letters.)
No one. No one sees.

*

"War will remain in Bucha long after the soldiers depart," Lesyk emails, "because they planted a lot of mines throughout the town." Lesyk's neighbors find mines in their building's hallways, hidden inside slippers and washing machines. Some neighbors return only to install new doors and windows. "In our neighborhood," Lesyk says, "Russian soldiers broke down the doors of nearly every apartment."

After the liberation of Bucha, Lesyk returns: "I walk slowly through my neighborhood," he writes, "it reminds me of a leaf eaten by some kind of pest." Here's what he finds in a ruined apartment: "on the kitchen table, among the wreckage, lies an old Zenit camera with the lens torn out. We never developed that roll of film from our wedding. It's now overexposed. Even our wedding memories invaded." Where is poetry in all of this? What does this poet learn? "When you return," he tells us:

Достатньо тільки
ввімкнути світло

Темрява
трохи вагається
перед тим як піти

*

Коли російські солдати просувалися з півночі Київщини, деякі з них проходили через Чорнобильську зону відчуження, несвідомо переносячи заражені предмети до Бучі. Після звільнення міста один із мешканців Бучі знайшов у своєму будинку флягу з радіоактивною речовиною, вкрадену з Чорнобильської АЕС. Невидимі сліди війни залишаються — навіть після відходу загарбників.

Як поезія може це описати?

Як може будь-яка мова, українська чи англійська, бути свідком, поки на твою країну скидають бомби, а світ спостерігає?

Лесик пише: «У слово дім влучає снаряд / крізь розбите вікно літери д / можна побачити як літера і втрачає голову / як провалюється дах літери м».

Turn on
the light:

darkness
how it

hesitates, before
leaving.

*

As Russian soldiers advanced from the northern Kyiv region, some passed through the Chornobyl Exclusion Zone, unknowingly carrying contaminated objects with them to Bucha. After the city was liberated, a Bucha resident discovered a flask containing radioactive material stolen from the Chornobyl nuclear plant, sitting in his home. The invisible remnants of war linger—even after the invaders depart.

How can poetry describe this?

How can any language, Ukrainian or English, bear witness as a country is bombarded while the world watches?

"A Ukrainian word / is ambushed: Through the broken window of / a letter д other countries watch how the letter i / loses its head," Lesyk writes. "How the roof of the letter м / falls through."

*

«Буча здавна була містом художників, науковців, лікарів,» – каже Лесик. «Це було маленьке, затишне місто з прекрасними краєвидами. Люди переїжджали сюди в пошуках спокою, щоб створити сім'ю та виховувати дітей. Тепер я не знаю, як тут жити, не згадуючи щодня про те, що сталося».

«Війна – це нескінченний день,» – пише він в іншому повідомленні. «День, що ніколи не закінчується: час на війні зшитий із постійного очікування та невпинної дії. Ми чекаємо на сигнал повітряної тривоги. Ми чекаємо на новини з фронту. Ми чекаємо на можливість евакуюватися. Ми пишемо».

Мова цих яскравих, насичених образами віршів стає окремим персонажем – живою істотою:

Біля лікарняного ліжка літери й
лежить протез діакритичного знака
якого вона соромиться
уже вкотре розходяться шви
просвітами літери ф від кульових поранень
на етимологічному фронті
м'який знак втратив язик під час катувань

Багато жаху приховано в цій музиці свідчення, у цьому сюрреалістичному – ні, це занадто реально, щоб бути сюрреалістичним, – документальному свідченні. І все ж, якимось чином, у ньому переплітаються реальність і сон. Народжена зі страху та гніву, уява триває.

*

"Bucha has long been a city of artists, scientists, doctors," Lesyk says. "It was a small, cozy town with a beautiful landscape. People moved here seeking peace, to start and raise families. Now, I don't know how to live here without remembering—every day—what happened."

"War is an endless day," he writes in another message. "A day that never ends: time in war is stitched together by constant anticipation and relentless action. We wait for the air-raid siren. We wait for news from the front. We wait for an opportunity to evacuate. We write."

The language of these vivid, image-laden poems becomes a character itself—a living thing:

By the hospital bed of the letter й
lies a prosthesis it's too shy to use.

You can see the light
through the clumsily sewn-up holes
of the letter ф—the soft sign had its tongue torn out
due to disagreements regarding
the etymology of torture.

Much horror resides in this music of witness, in this surreal—no, not surreal; it is too real—documentary testimony. And yet, somehow, it also weaves a dreamscape. Woven from fear and anger, imagination endures.

Ця пісня – тихий крик, так, але також елегія. Це протест, але також любовний лист до своєї країни. Поезія – це те, що шепочеш собі в бомбосховищі, щоб жити далі. Поезія – цеглина, кинута у гвинтокрил.

Ілля Камінський та Кеті Ферріс, 2022

This song is a silent scream, yes, but also an elegy. It is a protest, but also a love letter to his country. A poem is what one whispers to oneself in a bomb shelter, in order to go on. A poem is a brick hurled at a helicopter.

Ilya Kaminsky and Katie Farris, 2022

ПРИМІТКИ

Переклад вірша «У лікарняних палатах моєї країни»
попередньо опублікований у *The Atlantic*.

Переклад віршів «Розкидані обличчя»
та «Російський акордеон»
попередньо опубліковані у *FUSION*.

Переклад вірша «Турбіни гідроелектростанцій»
попередньо опублікований у *Switchyard*
і *Poetry Ireland*.

Переклад віршів «Інструкція до читання»,
«Маленька долоня» та «Молитва дорозі»
попередньо опубліковані в *Poetry*.

Переклад віршів «У лікарняних палатах моєї країни»
та «Розкидані обличчя» увійшли до антології
In the Hour of War: Poetry from Ukraine,
(Arrowsmith Press, 2023).

«Повний черевик води»
був попередньо опублікований
в онлайн-антології «Воєнний стан»
від Meridian Czernowitz International.

Примітка щодо перекладу англійською мовою: хоча англійські переспіви цих поезій не є точними перекладами, вони близькі до авторського задуму та були переглянуті й затверджені ним перед публікацією.

NOTES

"In the Hospital Rooms of My Country"
previously appeared in *The Atlantic*.

"Our Faces, Tossed About this Land"
and "Russian Accordion"
previously appeared in *FUSION*.

"Turbines of Hydroelectric Plants"
previously appeared in *Switchyard*
and *Poetry Ireland*.

"Reading Instructions," "Little Palm,"
and "Prayer to the Road"
previously appeared in *Poetry*.

"In the Hospital Rooms of My Country"
and "Our Faces, Tossed About this Land"
were reprinted in the anthology *In the Hour of War: Poetry from Ukraine* (Arrowsmith Press, 2023).

"A Shoe Full of Water"
appeared in *Martial Law*, an online anthology
by Meridian Czernowitz International.

A note on English translations: Although the English versions of these poems are not literal translations, they do try to stay faithful to the author's intent, and have all been reviewed and approved by the author prior to publication.

ПРО АВТОРА ТА ПЕРЕКЛАДАЧІВ

Лесик Панасюк – український поет, перекладач, митець і дизайнер, член Українського ПЕН. Автор шести поетичних збірок (українською мовою). Його твори перекладені десятками мов, англійською – з'являлися в перекладах Іллі Камінського та Кеті Ферріс, Вальжини Морт, Айзека Стекгауса Вілера та Рейлі Костіґана-Г'юмса, Олександра Авербуха, Дарини Гладун, Тараса Малковича, Вікторії Фещук. Разом із Дариною Гладун переклав поетичні збірки «Епідемія троянд» Вальжини Морт і «Глуха республіка» Іллі Камінського. Один із перших українських перекладачів поезії Луїзи Ґлік. Лауреат низки літературних і мистецьких конкурсів, стипендіат Президента України, Міжнародного будинку письменника і перекладача у Вентспілсі (Латвія), House of Europe, Староміського будинку культури у Варшаві (Польща), Наукового товариства імені Тараса Шевченка (США), Дартмутського коледжу (США), Literarisches Colloquium Berlin (Німеччина), Українського ПЕН, Translatorium, Альбертського університету (Канада).

ABOUT THE AUTHOR & TRANSLATORS

Lesyk Panasiuk is a Ukrainian poet, translator, artist, and designer, and a member of PEN Ukraine. He is the author of six poetry collections (in Ukrainian). His poetry has been translated into over thirty languages. In English, his poems have appeared in translations by Ilya Kaminsky & Katie Farris, Valzhyna Mort, Isaac Stackhouse Wheeler & Reilly Costigan-Humes, Alex Averbuch, Daryna Gladun, Taras Malkovych, and Victoria Feschuk. Together with Daryna Gladun, he translated into Ukrainian the poetry collections *Epidemic of Roses* by Valzhyna Mort and *Deaf Republic* by Ilya Kaminsky. He is also one of the first Ukrainian translators of Louise Glück's poetry. Panasiuk is a laureate of numerous literary and art contests and a recipient of fellowships from the President of Ukraine, the International Writers' and Translators' House in Ventspils, House of Europe, Staromiejski House of Culture in Warsaw, the Shevchenko Scientific Society, Dartmouth College, Literary Colloquium Berlin, PEN Ukraine, Translatorium, and the University of Alberta.

Кеті Ферріс – авторка книг *Standing in the Forest of Being Alive* (Alice James Books, 2023), *boysgirls* (Tupelo Press, 2019) та *A Net to Catch My Body in its Weaving* (Beloit Poetry Journal, 2021). Її твори увійшли до фіналу премії Т. С. Еліота та відзначені кількома нагородами Pushcart Prize. Вона також є перекладачкою, зокрема книги Бориса та Людмили Херсонських *The Country Where Everyone's Name Is Fear* (Lost Horse Press, 2022), яку World Literature Today визнало Notable Book of the Year. Ферріс викладає в Принстонському університеті.

Ілля Камінський народився в Одесі, зараз мешкає у Нью-Джерсі. Він є автором книг Deaf Republic (Graywolf Press, 2019) та Dancing in Odessa (Tupelo Press, 2004), а також співредактором і співперекладачем багатьох інших видань. Його роботи увійшли до фіналу National Book Award, отримали *Los Angeles Times* Book Prize і National Jewish Book Award. Його було прийнято до Американської академії мистецтв і наук.

Katie Farris is the author of *Standing in the Forest of Being Alive* (Alice James Books, 2023), *boysgirls* (Tupelo Press, 2019), *A Net to Catch My Body in its Weaving* (*Beloit Poetry Journal*, 2021). Her work was the finalist for the T. S. Eliot Prize and won several Pushcart Prizes. She is also a translator, most recently of Boris and Ludmila Khersonsky's *The Country Where Everyone's Name Is Fear* (Lost Horse Press, 2022), which was named a Notable Translation of the Year by *World Literature Today*. Farris teaches at Princeton University.

Ilya Kaminsky was born in Odesa, Ukraine, and currently lives in New Jersey. He is the author of *Deaf Republic* (Graywolf Press, 2019) and *Dancing in Odessa* (Tupelo Press, 2004) and coeditor and cotranslator of many other books. He has been a finalist for the National Book Award and won the *Los Angeles Times* Book Prize and the National Jewish Book Award. He was inducted into the American Academy of Arts and Sciences.

Sarabande Books — це неприбуткове незалежне видавництво з головним офісом у Луїсвіллі, штат Кентуккі. Засноване 1994 року для підтримки поезії, прози та есеїстики, у прагненні видавати справді виняткову літературу. В нашому арсеналі — понад дві сотні книжок, що здобули для видавництва віддану читацьку авдиторію та репутацію місця, де панує різноманіття форм і виразно звучать голоси насправді непересічних авторів.

Sarabande Books is a nonprofit independent literary press headquartered in Louisville, Kentucky. Established in 1994 to champion poetry, fiction, and essay, we are committed to creating lasting editions that honor exceptional writing. With over two hundred titles in print, we have earned a dedicated readership and a national reputation as a publisher of diverse forms and innovative voices.